LE
CICÉRONE
ARLÉSIEN
ABRÉGÉ HISTORIQUE
DES
MONUMENTS ANTIQUES,
GOTIQUES ET MODERNES
DE LA VILLE D'ARLES
EXTRAIT DU GUIDE DES VOYAGEURS
DE
L. JACQUEMIN H. CLAIR ET J-F-A. PERROT.

ARLES,
IMPRIMERIE VEUVE CERF, RUE DU SAUVAGE, 7.
—
1857.

LE
Cicérone Arlésien.

AVANT PROPOS.

Arles est une des plus anciennes villes de France, et son antiquité se perd dans les temps les plus reculés.

Quelques auteurs pensent qu'elle fut bâtie par les Hébreux et que Areli, dont il est parlé dans la Genèse, en jeta les premiers fondements.

D'autres prétendent que les Troyens en sont les fondateurs sous le règne d'Arelon, neveu de Priam. Il est vrai que ces suppositions peuvent être considérées comme hasardées et fabuleuses.

Soliers et l'abbé Aillaud soutiennent que les Phocéens, voulant éviter la domination de Cyrus, quittèrent leur patrie, sous la conduite de Peranius et de Furius, et furent jeter les premiers fondements de Marseille, l'an de Rome 260, (600 ans avant J.-C.), et que, passant par Arles, ce fut le roi Sénanus qui tenait alors sa cour dans Arles, qui permit à son gendre Prothis, chef des Phocéens, qui prit le nom de Euxène, de choisir un lieu propre à créer un établissement de commerce ; celui-ci choisit le golfe entouré de rochers, et y fonda la ville de Marseille.

Il est authentique que les Saliens habitèrent la ville d'Arles, qu'ils en sont considérés comme les fondateurs et que leur empire, dont l'origine est inconnue, dura jusqu'à l'époque où les armées de Marius soumirent la province à la domination de Rome, (130 ans avant J.-C.)

Isidore rapporte que la ville d'Arles fut construite dans la Gaule Celtique, par les anciens Gaulois, trois ou quatre siècles après le déluge.

D'après Claude Champier, les Celtes ou Ségobringiens, après avoir parcouru les bords du Rhône jusqu'à la mer, construisirent la ville d'Arles, regardant ce local comme très-favorable au commerce de la Méditerranée, et leur premier roi fut Sénanus, aussi appelé Nanus.

Ce sentiment est appuyé par le témoignage d'une foule d'écrivains de tous les siècles.

Anibert, démontre, d'après les recherches les plus étendues et les plus minutieuses que la ville d'Arles a existé 900 ans avant la fondation de Marseille, c'est-à-dire 700 ans avant celle de Rome et 1,500 ans avant J.-C.

Ce qu'il y a de certain, suivant l'histoire, et environ 16 siècles avant le christianisme, nous voyons les Ligures obligés de recevoir les Tyriens, qui construisirent la ville de Némausus et qui occupèrent tout le Midi de la Gaule. Trois siècles plus tard les Rhodiens remplacent les Tyriens et fondent Rhoda. Un siècle après, et pendant la fondation de Rome, divers peuples se disputent tout le Midi de la Gaule.

Deux siècles et demi après, les Phocéens sont reçus par les Ligures, et le roi des Liguriens donne sa fille en mariage au chef des Phocéens.

En l'an 52 avant notre ère, lors du soulèvement général des Gaules, Arles resta neutre et lorsque Jules César vint organiser les milices dans le Midi, Arles reçut une garnison pour se défendre et fournit au consul les galères dont il eut besoin pour faire le siége de Marseille.

L'an 58 de notre ère, dit M. de la Lauzière, saint Trophime, envoyé par saint Pierre, établit le christianisme dans la ville d'Arles, et en fut le premier évêque. Saint Paul visita la ville d'Arles en se rendant en Espagne. Saint Trophime mourut le 28 novembre 94 ; il fut enterré dans la chapelle qu'il avait dédiée à la vierge.

Saint Rieul, saint Félix, Cyratius, Ambroise, Marin, Ingenuus, Augustin, Jérôme, Savitius, Marcien, furent les évêques qui succédèrent à saint Trophime.

Marcien introduisit la secte des Novatiens. En 253, saint Cyprien écrivit au pape Etienne, et l'invita à extirper cette hérésie. Marcien fut chassé du siége d'Arles. Victorin et Amatius furent martyrisés par Crocus, lors de son invasion dans les Gaules.

En 254, Trébonianus Gallus, ayant remporté sur les barbares, de grandes victoires, et ayant fait la paix avec les Goths, donna, dans l'amphithéâtre, des fêtes d'une magnificence incroyable.

En 260, Crocus assiége et pille la ville d'Arles. Ce barbare fut défait et pris par Marius.

En 306 Flavius-Valerius Constantius, successeur de Constance Chlore, empereur, établit son siége impérial à Arles, fait relever les remparts détruits par Crocus, fait réparer les Thermes et construire un superbe palais sur les bords du Rhône ; il ajouta de nouveaux établissements à ceux que la ville possédait déjà, fit construire plusieurs monument, fit célébrer des jeux dans son amphithéâtre et voulut que désormais la ville prît le nom de Constantine.

En 312, Constantin entra en triomphe dans Rome, se fit baptiser par le pape saint Sylvestre et délivra les chrétiens qui étaient en prison.

Sous son règne, plusieurs évêques d'Arles assistent à des conciles tenus à Rome. Dans celui tenu à Arles en présence de 33 évêques, saint Marin se distingue par son érudition.

En 324, l'empereur crée trois Césars, savoir : Crispus son fils, Licinius son neveu et Constantin son plus jeune fils, né à Arles, le 3 août 316, de Faustine, fille de Maximien Hercule et baptisé par saint Marin.

C'est à Constantin que nous devons l'obelisque en granit, qu'il fit venir d'Egypte. Il fit aussi construire le superbe acqueduc, qui amenait les eaux à Arles, et dont on trouve encore les vestiges près le cimetière et autour de l'amphithéâtre.

Il mourut en 337. L'empire fut divisé en 3 parts : Constantin II eut les Gaules, la Grande-Bretagne et la partie de l'Espagne, au-delà des Pyrénées :

Constant eut Rome, l'Italie, l'Afrique, l'Illyrie ; et Constance eut la France, l'Asie, l'Orient et l'Egypte.

En 340, l'empereur Constant s'empare des états de son frère, qui fut tué dans le combat d'Aquilée en 350. A la mort de ce dernier, Magnance ayant usurpé la Gaule, est attaqué par Constant qui remporte sur lui deux victoires l'une sur l'autre. L'usurpateur se voyant à la merci du vainqueur se donna la mort à

Lyon. Constance apprenant la mort de Magnance, retourne à Arles et se fait proclamer empereur d'Occident le 10 août.

Il fait tenir un deuxième concile à Arles présidé par l'évêque Saturnin.

En 361, Constance se met en route pour combattre Julien l'apostat; il meurt en route.

En 363, les soldats proclament Julien qui est tué dans la guerre des Perces. Jovien lui succède et meurt huit mois après.

En 364, Valentinien arrive sur le trône, et meurt en 375, après avoir divisé l'empire entre Valentinien II et Gratien, ses deux fils.

Gratien est assassiné à Lyon en 383 par Maxime, qui établit le siége de l'empire à Trèves.

Arbogaste, général, fait assassiner Valentinien II, et Eugène, son complice, le remplace.

Théodore s'arme pour combattre cet usurpateur, mais sans combattre, ses soldats le livrent à Théodose et lui tranchent la tête au moment qu'ils le voient à ses genoux implorant son pardon.

Théodose partage ses états entre Arcadius et Honorius; Arcadius a l'empire d'Orient et Honorius celui d'Occident. Il meurt quelques temps après.

En 411, Constantin III rétablit le siége impérial à Arles.

En 419, Honorius y vient siéger.

En 446, l'évêque saint Hilaire fit enlever les marbres du théâtre pour en décorer l'église.

En 451, Attila passe le Rhin, et met le siége devant Orléans. Ælius, préfet des Gaules, qui résidait à Arles, le force à se retirer.

En 468, Euric prend Arles et y établit sa résidence royale.

En 508, Clovis assiége Arles mais il est obligé de se retirer.

En 537, la ville d'Arles fut cédée par Vitigès à Childebert, roi de France, qui vint lui-même en prendre possession, fit célébrer dans le cirque des jeux romains, et des Tournois à la Troyenne. Il ordonna la construction du monastère de Mont-Majour qui fut bénit par saint Césaire, évêque d'Arles et fut dédié à saint Pierre. Les Anachorètes qui jusques-là avaient vécu dans les bois, furent alors l'habiter.

En 736, les Sarrasins, conduits par Abderames, pillèrent la ville d'Arles et détruisirent la plupart des plus beaux édifices romains. Ce fut à cette époque qu'on éleva des tours sur l'amphithéâtre pour servir de forteresse; les portiques furent murés, et, peu de temps après, on y bâtit des maisons pour loger les pauvres de la ville et la classe ouvrière. Charles-Martel chassa les Sarrasins, et les défit en plusieurs rencontres.

En 791, les Sarrasins reprirent Arles. Charlemagne les chassa de nouveau et les défit dans une bataille qui eut lieu près la montagne de Cordes. C'est en mémoire de cette victoire qu'il fit construire la chapelle de Ste-Croix, au bas de Mont-Majour (1).

En 850, les Sarrasins saccagent de nouveau la ville et sont repoussés par le gouverneur Gérard de Roussillon.

En 873, Charles, roi de France, donne le royaume d'Arles à Boson qui prend le titre de premier roi d'Arles.

En 889, L. Boson, 2' roi d'Arles.

914, Hugues, 3' id.

950, Conrad, 4° id.

979, Rodolphe III, 5e roi d'Arles.

1029, Gerardus, 6e id., usurpe la couronne.

1032, Conrad II, 7e id.

1039, Henri III, empereur, 8e roi d'Arles.

1106, Henri IV, id., 9e id.

1126, Henri V. id., 10e id.

1127, Conrad III, id., 11e id.

1152, Frédéric-Barberousse, empereur 12° roi d'Arles.

1179, Philippe, 13e roi d'Arles.

1208, Othon, 14e id.

1214, Frédéric II, roi des Deux-Siciles, empereur, 15e et dernier roi d'Arles.

Cependant, en 1190, Arles devint république ce qui donna lieu à de grands malheurs et

---

(1) Cette chapelle existe encore aujourd'hui, dans un bel état de conservation.

fut une suite de dissension, de meurtres et de discorde pendant plusieurs siècles.

Les remparts étant détruits depuis 1178, ce ne fut qu'en 1190 qu'on s'occupa à les rétablir, et la ville fut alors partagée en deux portions : la cité et le Bourg-Neuf, et chacune de ces deux cités eut ses officiers, ce qui fit que chaque parti prétendait étendre sa juridiction sur l'autre. De là naissaient des différens et des combats meurtriers entre les citoyens.

Alphonse, roi d'Aragon, donna, par son testament, le Comté de Provence à son fils cadet.

En 1482 la ville d'Arles passa sous la domination des rois de France. Louis XI joignit alors au titre de roi de France celui de Comte de Provence.

Ce fut à cette époque que les persécutions les plus rigoureuses furent exercées contre les juifs.

En 1594, Henri IV fut reconnu et proclamé roi à Arles, malgré les ligueurs et les consuls qui exerçaient une tyrannie pitoyable et causaient les plus grands désordres dans la ville. Henri IV prit aussi le titre de comte de Provence.

Tel est l'abrégé historique de la capitale des Gaules.

Fragment des Thermes.

—

On voit sur la place des Hommes, adossées au mur de l'hôtel du Nord, deux colonnes en granit, surmontées d'un chapiteau corinthien, et supportant une portion d'entablement, au-dessus duquel s'élève le fronton. Sur cet entablement on voit des petits trous dans la frise et dans l'architrave, qu'on attribue à l'application des lettres en bronze dont se serait composée l'inscription votive.

M. Seguier, de Nimes, par un système qui est combattu aujourd'hui, a cru composer l'inscription suivante.

Divo Constantino max principi
Divi Constanti filio D. Claudi
Domino nostro semper august. Fl. Claudio
Constantino P. F. I. D. Constanti F.
Piissimæ ac venerabili helenæ aviæ
Faustæ august matri atavisque.

On croit généralement, et les archéologues sont de ce nombre, que les colonnes qui supportent le fronton, appartenaient à un autre édifice, car elles ne sont nullement en proportion avec celui auquel elles ont été associées. Le cordon supérieur des fûts dépassant celui des chapiteaux, enlève le bon effet qu'ils produiraient si la base était moins large.

Forum.

Sous la place des Hommes, sous la rue de la Paix, le Plan-de-la-Cour, etc, se trouvent des galeries souterraines qui attestent la présence d'une construction romaine d'une immense étendue. Etait-ce le Forum ? Etait-ce le palais des Thermes, on n'en sait rien, et les opinions se partagent là-dessus. A coup sûr c'est un grand ouvrage, et d'un haut mérite.

On voit un vaste portique à double galerie voûtée, avec de larges arcades, rapprochées les unes des autres, ouvrant des communications entre les deux allées ; elle semble enfermer une place d'un carré-long, s'étendant d'un côté depuis l'église du collége jusqu'à la tour de l'horloge et depuis la cour de l'ancien palais de justice jusqu'à l'église de Saint-Lucien, aujourd'hui café du Forum.

Ce monument est presque invisible pour le voyageur ; cependant on peut s'en donner une idée en descendant dans les caves de l'hôtel du Nord et des maisons qui l'avoisinent. La largeur totale du portique est de 10 mètres, celle de la cour est de 40 mètres et sa profondeur de 80 mètres, ce qui porterait à croire que ce serait le Forum romain dont Sidoine Appollinaire a fait la description, et qui, au V° siècle, existait encore dans tout son éclat, orné de statues, de colonnes, de portiques et entouré de toute part de somptueux édifices.

Palais de Justice.

Attenant à l'Hôtel-de-Ville, se trouvent les restes de l'ancien palais de la cour royale, dont on a fait aujourd'hui la prison.

A côté de la porte d'entrée on voit encore le banc s'élevant en estrade sur deux degrés de pierre, où, autrefois, les juges rendaient publiquement la justice.

C'est là aussi que le Viguier prêtait serment entre les mains des consuls et que le gouverneur de la Provence venait jurer sur l'évangile de maintenir nos priviléges.

Hôtel-de-Ville.

Le 22 juin 1673, la première pierre de l'Hôtel-de-Ville fut posée par les consuls et le prévôt de saint Trophime, délégué par l'archevêque, alors absent. On mit deux ans à le construire; c'est en 1675 que les consuls vinrent prendre possession de leur nouveau siége qui, longtemps, a passé pour un chef-d'œuvre. Le plan de l'Hôtel-de-Ville a été fait par MM. Pileporte et Peytret, d'Arles; il fut soumis au célèbre Mansard, architecte de Louis XIV qui y fit de légères corrections et qui loua fort le talent de Jacques Peytret, lequel fut chargé seul de l'exécution du travail.

L'Hôtel-de-Ville est, par son aspect, imposant et gracieux. Ses divers étages passent du rustique au corinthien. La façade du premier étage surtout est riche d'ornement, et dans de belles proportions.

Le second étage ne correspond pas à l'élégance du premier, il est, au contraire, pauvre de travail, et ses fenêtres courtes et larges produisent un effet très disgracieux.

De gigantesques pot-à-feu, dominaient le comble de l'Hôtel-de-Ville; c'est à tort qu'ils ont été enlevés; l'édifice semble être écrasé et n'être pas fini.

La voûte plate du vestibule est d'une hardiesse inouie; elle attire l'attention des architectes et des connaisseurs.

La principale salle est belle et spacieuse.

Vénus d'Arles.

La Vénus, qu'on a nommé la Vénus d'Arles, fut trouvée en 1651 en creusant une cave dans le théâtre romain. Elle fut offerte par les consuls à Louis XIV, qui la plaça dans la galerie de Versailles. Elle est aujourd'hui au musée royal, au nombre des belles statuts de de cette riche collection.

Se trouve aussi au musée royal, un superbe sarcophage représentant, sur ses bas reliefs, les détails de la mystérieuse histoire de Prométhée, ainsi qu'un torse de toute beauté trouvé dans le théâtre romain.

La Tour de l'Horloge.

La tour de l'horloge, dont les formes sont gracieuses et pleines d'élégance à été construite en 1547 et terminée en 1553. On y remarque un mélange d'architectures grecques et romaines; elle a coûté 1280 florins. Il est à regretter qu'on l'ait encadré dans le plan de l'Hôtel-de-Ville. Cette tour carrée, s'élevant sans effort d'étage en étage, ornée de décorations empruntées aux différents ordres, terminée par une coupole à jour d'une élégance supérieure au modèle que l'architecte avait adopté, produisait, dans son isolement primitif, un aspect à la fois imposant et gracieux.

L'Homme de bronze pesant 12 quintaux 22 livres a été fondu par Laurent Vincent, d'Avignon, en 1555 et acheté au prix de 8 sols la livre. Il représente le Dieu Mars et il domine la coupole. C'est l'emblême du patriotisme et des affections de famille.

L'horloge y fut placée en 1564 ; la cloche qui pèse cent quintaux fut fondue dans la cour de l'archevêché.

Musée Lapidaire.

Le musée d'Arles n'est autre chose que l'assemblage de tous les fragment grecs, romains et chrétiens trouvés dans les fouilles du théâtre antique, ceux épars çà et là dans la ville et ceux renfermés dans l'église Saint-Honorat. C'est en 1813 qu'ils furent recueillis et déposés dans l'église Sainte-Anne pour être offerts aux regards du public.

Près de la porte en entrant à gauche se trouve à côté du sarcophage de Sextus Ælius Vitalis, la colonne Constantine, dédiée à lempereur César-Flavius-Valerius Constantin, fils du divin Constantin.

Médée.

Vient ensuite le groupe d'une femme vêtue d'une ample draperie, tirant un glaive de son fourreau et ayant deux enfants à ses pieds ; on a cru reconnaître Médée voulant égorger ses enfants, mais elle semble plutôt les défendre et les protéger contre un danger qui les menace, car un des enfants cherche à se cacher dans les plis de sa robe. D'ailleur le travail en est très-médiocre.

Cueillette des Olives.

Au-dessus d'un tombeau de pierre, élevé à Titus Valérius Dionysius, par Valeria Charis, son épouse et par Vallérius Marcellus et Felicio, ses fils, on voit un sarcophage sur lequel on a sculté des bas reliefs fort curieux, représentant la cueillette des olives.

Treize enfans couverts d'une légère draperie sont occupés à ce travail. Trois sont sur des échelles, d'autres reçoivent les olives qu'ils transvasent dans des grands paniers posés par-terre. Plus loin est le pressoir, ou *torcularium*, dans lequel on exprime l'huile. Ce pressoir consiste en une meule posée de champ dans une cuve, une barre traversale sert à faire tourner la meule que deux enfants mettent en jeu.

Tombeau de Junius Messianus.

Dans la deuxième chapelle, à gauche, on voit le sarcophage romain de Junius Messianus, chef des Atriculaires de la ville d'Arles. Il est de pierre, orné sur les côtés de guirlandes de fleurs et sur le champ antérieur décoré de deux génies aîlés, soutenant un cartel à oreilles, dans lequel est gravé :

D. M.
M. JVNIO, MESSIANO
VTRICL. CORP. ARELAT.
EJVSD. CORP. MAG. IIII. F.
QVI, VIXIT. ANN. XXVIII.
M. V. D. X. JVNIA VALERIA
ALVMNO, CARISSIMO.

Le corps des Atriculaires était un corps de bateliers.

Leurs bateaux n'étaient qu'un assemblage de deux ou trois outres gonflés d'air sur lesquelles on assujetissait des planches et l'on formait une espèce de radeau.

Tablette funéraire de Lucilla.

Cette tablette funéraire est ainsi conçue :

VALERIA, LVC
LVCILLA.
CN. CORNELII. LVCILLIAN.
ET PROTOTECTO. CONT
PIENTISSIMIS
ET EVTHICHIÆ.

Valeria Lucilla, fille de Lucillus, à Cneius Cornelius, à Prototectus, son époux, et à Eutichia.

Tombeau de Flavius Titus, charpentier.

Au fond, sur le mur, se trouve un fragment de tombeau avec l'inscription suivante :

D.
TIT. FL. TITO. COR·
P. FABROR. TIG.
NARIOR. CORP.
AREL. TIT. FL. IN.
VENTUS PA
TRONO. PIENT.
M.

A Titus Flavius Titus, membre du corps des charpentiers d'Arles ; Titus Flavius inventus, à son patron très-bienveillant.

Cippe de Cornellia Sedata.

Le cippe que Cornelia Sedata fit faire de son vivant pour elle et pour Cornélie Optata, est orné du buste des deux amies. Ces figures ont tant souffert qu'il est impossible de juger du mérite du travail.

**CORNELIA. L. F. SEDATA
SIBI, ET, CORNELIÆ
OPTATÆ. D. ANNORVM. XX.
PIÆ. VIVA. FEXIT.**

La troisième chapelle renferme deux tombeaux chrétiens dignes d'être vus. Les sujets qui s'y trouvent figurés sont séparés par des arbres dont les troncs sont détachés du marbre de la cuve, et dont les branches fortement entrelacées forment une sorte de portique. Sur les rameaux, il y a deux colombes qui s'ébattent, et un serpent, qui s'élève en rampant le long du tronc lissé et uni de l'un de ces arbres, dirige sa tête vers un nid rempli d'œufs.

Dans l'arcade du milieu on voit une femme qui prie ; elle a les bras étendus et c'est ainsi que l'action de la prière est représentée sur tous les monumens des premiers âges du christianisme. Deux personnages sont placés derrière elle; il est naturel de penser que la femme représente la jeune fille inhumée dans le tombeau et que les deux personnages sont ses parents dans l'affliction. Dans chacune des six autres niches, figure un des miracles de J.-C. Le premier est la résurrection de Lazare ; le second est celui de l'hémoroisse qui fut guérie d'un flux de sang par le simple attouchement de la robe du Sauveur ; plus loin, la multiplication des pains et des poissons. J.-C. touche les paniers qui les contiennent avec une baguette. A côté, le changement de l'eau en vin, aux nôces de Cana ; ensuite la guérison de l'aveugle de Jéricho et celle de l'aveugle né qui mendiait au milieu du chemin. Ce dernier est vêtu d'un simple indusium ou tunique courte, posée ras de la chair.

Tombeau de Concordius.

Contre le mur opposé se trouve un autre sarcophage chrétien en marbre. Sous un riche portique, soutenu par des colonnes à cannelures en spirale, et terminé aux deux extrémités par deux frontons surchargés d'ornements, J.-C. explique la parole divine. Il est assis sur un siége élevé, les pieds posés sur une escabelle. Les apôtres assis sur des plians, dans l'attitude de gens qui écoutent attentivement, et tenant chacun un rouleau à la main, sont placés sur le devant. Derrière eux et dans les entre-colonnemens, on voit la foule des fidèles qui assistent à l'assemblée. Sous le fronton de gauche il y a un homme, et sous celui de droite une femme, tous les deux en posture de supplians.

Le dessus est formé d'une frise sur laquelle on a représenté les douze apôtres. Chacun d'eux a devant lui un paquet de volumes roulés à la manière antique. C'est sans doute le symbole des évangiles. Au milieu de cette frise est une tablette en relief et sans filets pour l'encadrer. On y lit cette inscription :

INTEGER ADQVE PIVS VITA ET CORPORE PVRVS
AETERNO HIC POSITVS VIVIT CONCORDIVS AEVO
QVI TENERIS PRIMVM MINISTRVM FVLSIT INANNIS
POST ETIAM LECTVS CAELESTI LEGE SACERDOS.
TRIGINTA ET GEMINOS DECIM VIX REDDIDIT ANNOS
HVNC CITO SIDEREAM RAPTVM OMNIPOTENTIS IN AVLAM
ET MATER BLANDA ET FRATER SINE FVNERE QVAERVNT.

Il y a deux colombes au bas de la tablette; l'alpha, l'omèga et le monogramme du Christ occupent le milieu.

Les premiers chrétiens représentaient ainsi par des images, les objets symboliques de leur religion.

La colombe et les poissons, emblêmes de la rédemption et du baptême, étaient souvent figurés sur leurs tombeaux, ainsi que le symbole de la croix qu'ils trouvaient dans la réunion de deux lettres grecques, qui sont les initiales du nom du Christ, et en forment le monogramme. Quant à l'alpha et à l'omèga, ces deux signes doivent signifier que Dieu est le commencement et la fin de toute chose. Les côtés du sarcophage sont ornés chacun d'un griffon en relief, emprunté à la mythologie païenne.

Passage de la mer Rouge.

Au-dessus de ce tombeau, on voit fixé au mur le devant d'un autre sarcophage chrétien, représentant le passage de la mer rouge. Moïse, le bâton de commandement à la main, est suivi des Hébreux. Ceux-ci portent autour de leur cou des sacs renfermant la farine non fermentée. Derrière eux, la mer en se refermant engloutit les chars, les chevaux et les soldats de Pharaon.

Un pareil sarcophage se trouve dans saint Trophime, à droite en entrant.

Restent, dans la troisième chapelle, la dalle funéraire de C. Marius Marinus, le cippe consacré à Pompeianus par son épouse Chrysothémis, et celui, fort remarquable à cause de la forme des lettres de son inscription, que Julia Marina éleva aux mânes de son époux Junius Junianus.

Tombeau Bisomum.

Dans la quatrième chapelle on voit un tombeau

chrétien qu'on appelait Bisomum, parce qu'il était destiné à recevoir deux corps. Sur la bande supérieure de celui-ci, on voit d'un côté une lapidation et le sacrifice d'Abraham ; de l'autre côté, Moïse reçoit les Tables de la loi; Suzanne, couverte d'un voile, est debout entre deux arbres derrière lesquels sont placés les deux vieillards ; ensuite le lavement des mains de Pilate.

La bande de dessous représente les trois jeunes gens qui sont condamnés à être jetés dans la fournaise : Daniel dans la fosse aux Lions et le passage miraculeux de la mer Rouge.

Autre Tombeau Bisomum.

Au milieu de la bande supérieure de ce tombeau est une coquille dans laquelle on voit deux figures représentant probablement les époux qui y étaient dedans. L'épouse porte au cou un collier de perles, et un bracelet au bras gauche. Elle a le bras passé autour du cou de son mari, qui tient un rouleau à la main. A gauche, on voit Dieu le père recevant les offrandes de Caïn et d'Abel, l'arrestation de J.-C. dans le jardin des oliviers. Plus loin, J.-C. guérit l'aveugle Bartimée en lui touchant les yeux; Moïse recevant les tables de la loi sur le Mont Sinaï (représenté le pied posé sur une pierre). De l'autre côté, la main de Dieu sortant d'une nue, retient le glaive qu'Abraham levait pour consommer le sacrifice de son fils. Ensuite la multiplication des cinq pains et des deux poissons.

A la série inférieure, Suzane entre deux arbres : l'eau changée en vin ; Jonas avalé par un cheval marin et rejetée sur le sable encore vivant. Adam et Ève reçoivent la punition de leur faute, et enfin Daniel entre les deux lions.

Il reste la frise d'un beau tombeau d'Hydria Tertulla ; en voici l'inscription :

HYDRIÆ, TERTVLLÆ. C. F. CONJVGI,
AMANTISSIMÆ, ET AXIÆ ÆLIANÆ FILIÆ,
DVLCISSIMÆ TÉRENTIVS MVSEVS
HOC SEPVLCHRVM POSVIT.

A Hydria tertulla épouse de terentius museus, et à leur fille bien-aimée, Axia œliana à qui terentius a consacré ce monument.

Tombeau Anonyme.

L'aveugle de Jéricho, la résurrection de Lazare.

Il reste encore un devant de sarcophage de marbre, d'un meilleur travail et d'une parfaite conservation. Il représente :

Moïse frappe de sa verge le rocher de Raphidim et en fait jaillir des sources abondantes. A côté, saint Pierre qui renie le Sauveur, le coq est auprès de saint Pierre ; ensuite le miracle de la transformation de l'eau en vin ;

Suzanne et les deux vieillards ;

La guérison de l'aveugle de Jéricho et la résurrection de Lazare rendu à la vie à la prière de sa sœur Marthe qui implore le Sauveur. Le corps de Lazare, enveloppé de bandelettes, à la **manière** des momies d'Egypte, est debout sur le **tombeau**.

Tombeau anonyme du Labarum.

Dans la cinquième chapelle on voit un tombeau entier et le devant d'un autre fort remarquable.

Le premier est orné du monogramme du Christ, entouré d'une couronne et placé sur une croix portant deux colombes sur sa barre transversale. Aux pieds de la croix, deux soldats sont en adoration.

De chaque côté les douze apôtres sont figurés debout et regardant la croix. Ils sont revêtus de la tunique et du pallium. Près d'eux il y a une ou deux étoiles, alternativement. A droite et à gauche, sont le buste d'un homme et d'une femme, et les extrémités du couvercle sont remplies par des têtes, comme on en voit souvent dans quelques tombeaux payens.

Le devant de l'autre tombeau, est recouvert d'un bas-relief en pleine conservation. Sous un portique, composé de quatre arcades séparées entr'elles par un riche entablement, le Sauveur, debout sur la montagne sainte, explique la parole divine. A ses pieds coulent les quatre fleuves auxquels les chrétiens, représentés par des agneaux, se désaltèrent : Derrière lui, il y a des palmiers, véritables symboles du triomphe de la foi. J.-C. remet à saint Paul l'évangile. Dans les deux arcades, on voit d'un côté, saint

Paul et saint Jean, de l'autre, saint Pierre et saint Jacques. Derrière ceux-ci, il y a des palmiers chargés de fruits ; sur l'un d'eux est le phénix, puissante allégorie empruntée au paganisme pour exprimer l'immortalité de la religion. Dans la niche de gauche, J.-C. lave les pieds à saint Simon-Pierre, représenté assis sur une estrade. Dans celle de droite, J.-C. est devant Pilate dans l'attitude d'un juste qui attend son jugement, ces tombeaux sont, sans contredit, du 4° et du 5° siècle.

Tombeau de saint Hilaire.

Le couvercle du sarcophage où saint Hilaire, évêque d'Arles, fut déposé après sa mort, est tout ce qui nous reste ; il n'a dû sans doute sa conservation qu'à l'inscription simple et précise qu'on lit sur un des petits côtés.

SACRO
SANCTÆ LEGIS
ANTESTIS
HILARIUS
HIC QUIESCIT.

Deux colombes, une urne, un cœur et une croix bouclée sont les seuls ornements qui l'accompagnent.

Bas relief d'Apollon.

Ce bas-relief de marbre est sculpté sur trois faces ; celles des côtés encadrées d'une moulure en feuilles d'eau, représentent des branches de laurier chargées de petits oiseaux. La partie du centre laisse voir Apollon assis, appuyé sur sa lyre et ayant un trépied à ses côtés. Sur le flanc droit on a représenté Marsyas suspendu par les cheveux, à un chêne chargé de glands; sur le côté gauche, un jeune enfant coiffé du bonnet phrygien, éguise le couteau qui doit servir au supplice de Marsyas. Le dessin ne manque ni d'élégance ni de goût.

Autel de la bonne Déesse.

C'est un des morceaux les plus précieux qui nous restent.

Sur un bloc de marbre de Carrare, haut de quatre pieds, on a sculpté une couronne de chêne, élégamment attachée par un nœud de bandelettes dont les extrémités descendent en plis très-gracieux. Deux oreilles ornées de pendeloques sont placées dans l'espace que renferme la couronne. C'est au-dessus de la couronne qu'on lit :

BONÆ DEÆ
CAIENA, PRISCÆ, |LIB, ATTICE,
MINISTRA.

A la bonne Déesse, Caïena Attice, affranchie de Prisca et prétresse de la déesse.

Les deux côtés de l'autel sont ornés l'un d'une patère, garnie à son intérieur d'oves allongées, aboutissant vers un centre commun dans lequel se trouve une tête de Jupiter-Ammon selon les uns, et de Faune selon les autres. Le second offre un préféricule dont la panse est décorée de branches d'olivier en relief.

Ce beau marbre ne peut appartenir qu'aux beaux temps de l'art sous le règne des premiers empereurs.

Il fut trouvé en 1758, au-dessous de la principale entrée de l'église Notre-Dame-la-Major.

Tête sans nez.

C'est sur l'autel de la bonne Déesse qu'on a placé la tête sans nez, trouvée dans les fouilles du théâtre en 1823. Elle est d'une conservation parfaite : le poli des chairs, le fini des cheveux sont d'une pureté rare, les formes sont du style le plus élevé, et la sculpture est bien certainement du ciseau grec. Cette tête est si belle, que quand on l'a vue une fois on désire la voir encore et on ne peut la contempler sans éprouver un sentiment d'admiration.

Sur les marches du chœur, on voit les restes d'un bel autel de marbre trouvé ausssi dans le théâtre, le cippe funéraire de Veria Filta et celui de Sempronia Tertulla sur le côté duquel Cerbère est figuré.

VERIÆ, FILTÆ AMICA, DOLENS. POSVIT.
IN-HONO-REM. C. JVLI. FOR. TVNATI.
SEXTUM VIR. AUGUSTALIS UXORI.
Dis. manib. semproniæ q. filiæ tertullæ.

Mithras.

Une statue de Mithras, dont l'origine est inconnue, mais qui est sans contredit une de nos sculptures les plus anciennes, fixe l'attention des artistes et des archéologues. Un énorme serpent serre dans ses replis le corps de la statue, et laisse apercevoir, dans les vides, les douze signes du Zodiaque. Tous ces détails sont exposés avec grâce et énergie ; elle fut trouvée en 1598 sur l'emplacement du cirque romain.

Apollon et les Muses.

Ce beau fragment, brisé en trois morceaux, représente Apollon Cytharède au milieu des muses : ce Dieu est caractérisé par l'épervier qui est à ses pieds, et l'on peut voir qu'il tenait la lyre et le plectrum. Des neuf muses, trois seulement peuvent se reconnaître. A droite Thalie et Melpomène, l'une portant le masque comique, l'autre la massue d'Hercule. A gauche, Clio écrivant avec un stylet sur la pierre du tombeau.

Ce fragment, est d'un travail distingué et d'un beau style, et semble appartenir aux plus beaux temps de l'art.

Tombeau de Chrysogone.

Dans la 2° chapelle on voit le tombeau de la jeune Chrysogone ; il fut découvert en 1618 en creusant les fondemens du couvent des Minime. Il était placé dans une grande cuve de pierre est il renfermait lui-même un cercueil de plomb dans lequel les os de Chrisogone furent trouvés enveloppés d'une riche étoffe soie et or.

Deux arcades, soutenues par des colonnes corinthiennes à cannelures torses, occupent les deux côtés du champ antérieur du sarcophage. Sous chacune des arcades il y a une tête de Méduse, et à côté du cartel, dont l'inscription est si bas, on voit une fleur de pavot, emblême du sommeil éternel.

PAX ÆTERNA DVLCISSIMÆ ET INNOCEN TISSIM, FILLIÆ, CHRISOGONE JVNIOR, SIRICIO QUÆ VIX ANN. III. M. II. DIEB. XXVII. VALERIVS ET CHRYSOGONE PARENTES, FILLIÆ, KARISSIMÆ, ET OMNI, TEMPORE VITÆ SUÆ, DESIDERANTISSI. M. A. E.

Paix éternelle à une fille tendrement chérie : A Chrysogone Siriccio qui a vécu trois ans, deux mois et vingt-sept jours, Valérius, son père, et Chrysogone, sa mère, à leur fille bien-aimée, qu'ils regretteront tout le reste de leur vie.

Sarcophage chrétien.

Au-dessus de celui de Chrysogone on voit un devant de sarcophage chrétien représentant :

Moïse fesant sortir l'eau d'un rocher.

Plus loin J.-C. assis tenant le livre de la loi ouvert sur ses genoux.

A l'un des côtés, l'Hémoroïsse prosternée devant

J.-C. guérie en touchant ses vêtemens. De l'autre côté, Jaïre suppliant J.-C. de ressusciter sa fille qui vient de mourir ; à l'autre extrémité du sarcophage on voit : J.-C. auprès du lit de la défunte, faisant éloigner les joueurs de flutte et rappelant à la vie la fille de Jaïre, chef de la Sinagogue, en l'attirant doucement à lui.

Devant de Sarcophage.

De l'autre côté on voit un autre devant de sarcophage de marbre, grossièrement sculpté représentant une grande chasse au cerf et au sanglier.

Quelques chasseurs portent un vêtement à double capuchon dont on fesait usage vers le 3ᵉ siècle, (*Sagum cucullatum*).

Cippe de Sedatus et de Graphina.

Le cippe funéraire d'Asuius Sedatus et de Pompeia Graphina occupe le fond de la chapelle. Les bustes des deux époux sont sculptés au centre de l'encadrement. Pompeia tient à la main un miroir métallique poli. Sur les petits côtés on voit deux boucliers, l'un rond, l'autre échancré ; on y lit l'inscription suivante :

A. ASVIO SEDATO POM, GRAPHINI.
SEDVLVS ET SECVRVS FILI. PARENTIBVS.
VV.   FECERVNT.

Cippe de Julia Amabilis.

A côté du cippe de Sedatus, on voit celui de Julia Amabilis. Son inscription est enfermée dans un cadre très-orné et de bon goût, et les côtés sont ornés d'une patère et d'un préféricule.

   D. M.
  JVLIÆ AMABILIS.
  L. VERATVIS. PRO.
  TOCTETVS. VXORI.
   CARISSIMÆ ET
  JVLIA. L. F. SABINA.
  MATRI. PIISSIMÆ.

Dans la chappelle suivante, il y a quelques cippes assez curieux et un grand nombre de fragmens sans intérêt.

Tombeau anonyme.

La nativité de Jésus-Christ.

La face de ce tombeau est divisée en trois tableaux ; à gauche Moïse reçoit les tables de la loi ; à droite, la main de Dieu arrête le bras d'Abraam, levé sur la tête de son fils ; l'enfant Jésus couché dans une crêche ; la Vierge debout à ses côtés assiste à l'adoration d'un berger.

Sur le fond est l'âne et le bœuf.

Au-dessous sont les trois mages en costume persan et bonnet phrygien.

Tête d'Auguste.

Cette tête d'Auguste, trouvée dans le théâtre en 1835, est ce que l'on appelle un chef-d'œuvre ;

elle est revêtue du type d'individualité qui caractérise ce genre de sculpture; la manière dont les cheveux sont coupés, ainsi que la ressemblance avec les images et les médailles que l'on a conservées du conquérant de la Gaule, ont fait juger que c'était le portrait de cet empereur; elle n'est point inférieure à la tête sans nez et le ciseau qui l'a taillée n'est ni moins grec ni moins savant. C'est un des plus beaux morceaux que possède notre musée.

Tombeau de Parthénope.

Dans un cartouche, soutenu par deux anges qui volent, est renfermée cette touchante inscription.

O DOLOR QVANTÆ.
LACRIMÆ. FECERE.
SEPVLCHRVM JVL. LV.
CINÆ. QVE. VIXIT, KA.
RISSIMA, MATRI, FLOS. Æ,
TATIS. HIC JACET. INTVS,
CONDITA, SACXOO VTINAM,
POSSIT. REPARARI. SPIRITVS. ILLE.
VT SCIRET QVANTVS : DOLOR. EST.
QVÆ. VIXIT. ANN. XXVII. M. X. DIE XIII.
JVL. PARTHENOPE. POSVIT.
INFELIX, MATER.

Voici la traduction que Mme Lucie Parny a donné :
Que de pleurs ont couvert ce funèbre tombeau!

Lucine de sa mère et la gloire et l'amie,
Lucine y descendit au printemps de sa vie ;
Sous un marbre glacé s'éclipsa ce flambeau.
Ah ! si ses yeux éteints s'ouvraient à la lumière,
Ils jugeraient combien ma douleur est amère
Cinq lustres et deux ans, dix mois et treize jours,
D'une si belle vie ont achevé le cours.
Parthénope à sa fille éleva cette pierre ,
Triste et dernier témoin des douleurs d'une mère.

Tombeau de Julia Tyrannia.

Le sarcophage de Julia Tyrannia est d'une belle exécution et parfaitement conservé.

Dans le compartiment de gauche, on voit suspendu au mur, un syrinx à sept tuyaux dans son étui, un hydraule ou orgue d'eau, un pin et un bélier. Celui de droite renferme une lyre et son plectrum, un instrument peu connu, et le livre de musique.

L'inscription que voici est écrite en belles lettres régulières et bien formées.

JVLIÆ. LVC. FILIÆ. TYRRANIÆ.
VIXIT. ANN. XX. M. VIII.
QVÆ. MORIBVS. PARITER. ET.
DISCIPLINA. CETERIS. FEMINIS.
EXEMPLO. FVIT. AVTARCIVS.
NVRVI LAVRENTIVS. VCXORI.

Tombeau de Cornelia Jacœa.

Cornelia Jacæa fit creuser de son vivant ce beau tombeau. Des têtes de béliers, d'un goût exquis et d'un travail fort précieux, portant des guirlandes de fruits, ornent les quatre faces de ce superbe monument. Ce sarcophage est réellement beau et sort d'une main habile. Une petite tablette renferme cette inscription brève et concise.

D. M.
CORNEL. JACÆA.
SIBI. VIVA. POSVIT.
HEREDES.
CONDENDAM
CVRAVERVNT.

Cornelia Jacœa se fit faire ce tombeau de son vivant. Ses héritiers prirent soin de l'y déposer.

Cippes de Pardalas et d'Eucarpia.

On admire le hasard qui a conservé ces deux monumens tant de siècles après la mort des deux époux, C. Paquius Pardalas, et Emilia Eucarpia.

D. M. ET
SECVRITATI
ÆMILIÆ EVCAR
PIÆ
C. PAQVIVS PARDALAS
CONJVGI CARISSIMÆ.
V. A. XXXXI. M. VIII. D. X.

D. M.
G   PAQVI, OPTATI.   G
LIB. PARDALÆ. IIIII.
AVG. COL. JVL. PAT. AR.
PATRON. JEVSDEM.
CORPOR. ITEM. PATRON.
FABROR. NAVAL. VTRICLAR.
ET CENTONAR. G. PAQVIVS.
EPIGONVS, CVM, LIBERIS, SVIS,
PATRONO, OPTIME, MERITO.

Cippe de Calphurnie, fille de Marius.

Un Cippe en beau marbre blanc, porte un nom digne de la curiosité. C'est celui de Calphurnie, fille de Marius.

D. M.
CALPHVRNIÆ
CAII MARII
CONS. FILIÆ
PIENTISSIMÆ
CIMBROR
VICTRICI.

Il reste une infinité de fragmens, de bustes, de statues, de cippes, d'inscriptions, de dalles funéraires, d'autels-votifs, de bas-reliefs qu'il serait trop long d'énumérer ici.

Il reste aussi deux belles statues mutilées que l'on croit être des danseuses; des silènes, des bornes miliaires, des colonnes, des corniches et des débris du théâtre romain, des tuyaux de plomb trouvés dans le Rhône le 4 juin 1822, portant le nom du fabricant, C. Canthius Pothinus fac, qui servaient à conduire les eaux dans le faubourg Trinquetaille, des amphores et urnes romaines.

Dans une armoire vitrée, on voit une grande quantité de lampes sépulcrales, de lacrimatoires, des vases cinéraires contenant encore des débris d'ossemens, des vases en ivoire, en métal, en verre, en terre cuite, et une infinité de médailles trouvées dans les fouilles du théâtre, des champs-élysées, etc.

Obélisque.

Les obélisques sont les monumens les plus anciens que l'on connaisse. Celui d'Arles était l'unique en deçà des Alpes. Quoique moins grand, moins riche et moins orné que celui de Louqsor, notre obélisque est encore très-remarquable par la légèreté et la hardiesse de sa forme svelte et dégagée. Il est le seul qui soit sorti des carrières européennes.

Haut de 15 mètres 50 centimètres, (47 pieds) non compris le piédestal qui s'élève de 3 mètres 50 centimètres, (14 pieds) au-dessus du sol, il est fait d'une seule pièce de granit gris, à gros cristaux de Feld-Spath, taillé dans les montagnes de l'Esterel, d'où les Romains ont tiré pendant long-temps les granits, les marbres et les porphires qui leur servaient à embellir les édifices publics.

L'obélisque, placé au milieu du cirque, détruit par les premiers chrétiens n'a été retrouvé que par hasard en 1389 sous le règne de Charles IX, brisé en deux parties.

Ce ne fut qu'en 1675, sous le règne de Louis XIV, qu'il fut érigé sur la place Royale par les consuls, et qu'il lui fut dédié.

Il pèse 2,000 quintaux.

Le pyramidion fut surmonté d'un globe azuré que domine un soleil à rayon d'or.

Portail St-Trophime.

Le portail Saint-Trophime a été commencé en 1221 par Hugues Béroard, archevêque d'Arles, et fut terminé par Jean Baussan, son successeur.

La statistique du département des Bouches-du-Rhône donne une explication si complète, des diverses scènes qui représentent ce chef-d'œuvre, que je vais la traduire textuellement :

« Le dessin du portail est simple et grand,
» les détails très-riches et la sculture aussi bon-
» ne qu'on puisse l'attendre de cette époque. La
» façade s'élève sur un vaste escalier de dix

» marches, elle se termine en fronton dont les
» deux côtés inclinés portent une corniche,
» soutenue d'espace en espace par des con-
» soles dont la face représente des figures al-
» légoriques, des mufles de lion ou des feuilla-
» ges, distribués sans symétrie. La porte est
» profondément enfoncée, elle est surmontée
» d'un grand arc à plein-cintre qui remplit
» le tympan du fronton et s'élève presque jus-
» qu'au sommet de l'angle. La décoration ac-
» compagne en retour, l'enfoncement de la
» porte ; elle consiste en une colonnade portée
» sur un stylobate très-élevé, et surmontée
» d'une frise qui va former le soffite de la
» porte et règne ainsi sur tout le développe-
» ment de la façade. Elle sert d'imposte au
» grand arc qui en occupe le centre. Au-des-
» sous de la frise sont deux moulures qui
» imitent le méandre et les vagues des Grecs ;
» au-dessus est une autre moulure ornée de
» feuille d'acanthe : celle-ci est répétée au
» fronton et au bandeau extérieur de l'arcade.
» Il y a de chaque côté du portail six co-
» lonnes, les unes carrées, les autres rondes
» ou octogonnes ; elles forment cinq niches,
» dont deux sont sur le fronton, deux sur
» chaque côté rentrant et une à l'angle. Les
» figures qui sont à l'extérieur et dans l'em-
» brasure de la porte, sont des apôtres vêtus
» de longues robes ; celle de l'angle à gauche est
» saint Trophime en habillement épiscopaux,

» sur la bande déroulée du pallium duquel on
» lit ces deux vers :
Cernitur eximius, vir Christi discipulorum.
De numero Trophimus, hic septuaginta duorum.

« Vis-à-vis de saint Trophime, au lieu de
» l'image de Saint-Étienne, ancien patron de
» l'église, on a sculté sa lapidation et l'as-
» cension de son ame, que des anges portent
» au ciel. Les colonnes sont d'une pierre qui
» imite la couleur du bronze, et dont nous
» n'avons pu déterminer l'espèce ; elles sont
» soutenues, les unes par des têtes de lion,
« les autres par des lions entiers, qui dévo-
» rent des hommes ; imagination singulière et
» qui se retrouve fréquemment dans les églises
» de ce temps-là, (ce sont probablement le
» symbole des hérésies vaincues). Les chapi-
» teaux des colonnes sont variés et leurs in-
» tervalles chargés de sculture. La porte, qui
» s'élève encore de deux marches au-dessus
» du premier pallier, est partagée en deux,
» par une colonne d'un beau granit violet,
» de l'île d'Elbe, dont le chapiteau et la ba-
» se sont ornés de figures humaines. Un nom-
» bre infini de moulures remplit l'enfonce-
» ment de la grande arcade; le bandeau inté-
» rieur est occupé par des figures d'anges,
» disposées symétriquement. Au centre du
» tympan est le Seigneur entouré de quatre
» animaux allégoriques. Il juge les hommes,
» et ce jugement solennel est l'idée fonda-

» mentale de toute la composition. Le genre
» humain est représenté sur la frise, les douze
» apôtres occupent la partie qui est au-dessus
» de la porte. Sur les parties extérieures on
» voit les ames qui ont reçu leur sentence.
» A la gauche du spectateur, (c'est la droite
» du juge, sont les élus ; ils sont couverts
» d'amples robes, et semblent aller avec joie
» recevoir leur récompense. Du côté opposé,
» des figures nues, liées à une même corde
» et entraînées par des démons, marchent par-
» mi les flammes ; ce sont les réprouvés li-
» vrés déjà aux effets de la malédiction éter-
» nelle. Dans les parties de la frise qui occu-
» pent la profondeur de l'arc, sur les flancs de l'é-
» difice et dans les vides des niches, sont scultés
» des sujets accessoires qui tiennent au sujet
» principal. On y voit saint Michel pesant
» les ames ; la tentation d'Ève, principe des
» malheurs de la race humaine ; la naissance
» de J.-C., gage de rédemption et de salut ;
» des scènes de la vie agreste ; enfin des sup-
» plices où, comme dans les conceptions du
» Dante, l'horrible et le grotesque se tiennent
» par la main. »

Eglise Saint-Trophime.

L'église Saint-Trophime, est, sans contredit, le premier par son importance, des édi-

fices chrétiens. Riche par son porche, imposante par la profondeur de sa triple nef ; admirable par l'allée qui contourne le chœur, Saint-Trophime est une des plus belles basiliques de France.

Fondée au commencement du VII° siècle par l'archevêque saint Virgile, elle fut consacrée par lui, sous l'invocation de saint-Étienne. Détruite et pillée par les Sarrasins dans le VIII° siècle, brûlée et saccagée plus tard par les Normands Danois, elle fut reconstruite dans le commencement du XI° siècle.

C'est en 1152, peu de temps après sa reconstruction, que Raymond de Montredon, y transféra les reliques de saint Trophime, premier apôtre de la foi dans les Gaules, et dont les cendres reposaient depuis dix siècles dans la crypte de saint Honorat-des-Aliscamps, et la consacra sous l'invocation de ce saint en présence du comte de Toulouse et de plusieurs évêques.

La longueur de l'édifice, depuis la porte principale jusqu'à la chapelle de la vierge, est de 80 mètres. La nef du milieu a 7 mètres 33 centimètres de largeur et sa hauteur est de 20 mètres. On compte du pavé de l'église à la croix placée au faîte du clocher 42 mètres.

En 604, saint Virgile commence la construction de l'église; le 17 mai 626, elle fut consacrée par lui.

En 650, l'archevêque Théodose, déchu de

l'administration de son siége, entend lire, dans sa cathédrale, la décision du concile qui le condamne comme hérétique.

En 736, l'approche des Sarrasins épouvante les habitans d'Arles qui se réfugient dans l'église dédiée alors à saint Étienne. Ils sont massacrés; l'église est pillée.

Le 10 mai 813, l'archevêque Jean y assemble un concile qui fixe les règles de la discipline du clergé et des monastères.

En 959, elle est témoin d'un cas de préséance, qui s'élève entre le co-adjuteur Radon et le comte Guillaume, gouverneur de la ville.

En 1020, Gérardus, VI° roi d'Arles, y reçoit la couronne des mains de l'archevêque Pons de Marignane.

En 1152, le corps de saint Trophime, jusqu'alors déposé dans la crypte de saint Honorat-des-Aliscamps, est transféré dans la métropole qui, depuis sa fondation, portait le nom de saint Étienne et qui, à partir de cette translation, prend celui de saint Trophime.

En 1178, Frédéric-Barberousse y est sacré empereur.

En entrant dans Saint-Trophime, sur la gauche, on voit un grand tombeau chrétien, couvert de personnages en relief, rangés sur deux séries; il sert de fonds baptismaux. Il est surmonté de deux colonnes de basalte corinthienne par le fût et par le chapiteau, et n'appartenant à aucun ordre par la base.

A droite, en entrant, est le mausolée de l'archevêque Jean Février. En face des fonds baptismaux, sur la droite, est un devant de sarcophage chrétien, représentant le passage de la mer rouge. Au-dessus de ce sarcophage est l'assomption de la Vierge qui est d'un beau travail et qui se distingue par la beauté des têtes dignes des grands maîtres de la renaissance. Ce bas relief est du XVI* siècle et a été trouvé dans l'église des Carmes.

Suivez le côté droit, entrez dans la chapelle des Rois ; au fond de cette chapelle, vous verrez le mausolée de Gaspard de Laurens, archevêque d'Arles, homme irréprochable, de mœurs pures et sévères.

Ce mausolée, belle œuvre de Dedieu Jean, sculpteur d'Arles, représente l'archevêque couvert de ses habits épiscopaux sortant de son sépulcre, dont un ange soulève le couvercle. La charité descendue du ciel, se présente sous les traits d'une jeune femme voilée, allaitant deux jeunes enfants. Au-dessus, trois anges adroitement groupés portent l'épitaphe et soutiennent l'écusson du prélat.

Vient ensuite la sacristie :

Immédiatement après, une porte communique avec le Cloître, qui fera le sujet du chapitre suivant. Suivez toujours, arrêtez-vous devant la chapelle du St.-Sépulcre, vous trouverez le tombeau de Robert de Mont-Calm et le mausolée de pierre de Croze, archevêques d'Arles.

Le sarcophage de marbre du chrétien Geminus Paulus, gouverneur des neuf provinces sert d'autel à cette chapelle. Ce tombeau représente J.-C. entre deux de ses disciples. Au-dessus de lui, il y a une croix bouclée, c'est le monogramme du Christ légèrement altéré dans son ancienne forme.

A côté vient la chapelle de la Vierge. La statue de la Vierge est la même qui était à St-Honorat des Aliscamps; c'est cette belle Vierge de marbre blanc, sortie des ateliers de Léonardi Mirano, célèbre sculpteur de Gênes. (1618)

Vient ensuite la chaire faite en 1781 par Emmannuel Carvalho, sculpteur de Lisbonne; elle est presque en entier composée de marbres et de brèches antiques, tirés du théâtre.

Entre le sommet du grand arceau du sanctuaire et la voûte de la nef centrale, se trouve la seule fresque que nous ayons dans nos églises. On a représenté saint Trophime détruisant le culte des faux dieux. La tradition fondée sur des monuments prétend que trois jeunes enfants étaient immolés chaque année en l'honneur de la déesse Diane; c'est ce sacrifice que représente la fresque.

Les tableaux sont peu nombreux; encore aucun n'appartient à un grand maître.

L'assomption qui est en face de la chaire est de Sauvan, peintre peu connu. Ce tableau est plein de vie et peut être considéré comme bon.

Celui de l'adoration des mages qui orne le

rétable de l'autel de la chapelle des Rois et la lapidation de St-Etienne, sont de L. Fiusunius, peintre flamand plein de mérite.

Le Cloître de Saint-Trophime.

Les sensations et les impressions que l'on éprouve en entrant dans le cloître de saint Trophime sont difficiles à dire. Ici l'ame s'élève; un sentiment religieux vous entraîne, un doux saisissement s'empare de votre ame, on serait presque tenté de se mettre à genoux et de prier.

Une fois entré dans le cloître, on n'ose plus en sortir ; quelque chose vous retient; il semble que vous n'avez pas assez vu. Vous n'êtes plus maître de votre volonté, un secret désir vous attache à la contemplation et au recueillement, et le désir de revoir ce charmant séjour ne vous quitte jamais.

Une galerie quadrangulaire enfermant dans son milieu un espace découvert qui devait autrefois servir de cimetière forme notre cloître.

Ces quatre galeries, construites à des époques différentes, ont chacune un cachet qui leur est propre.

L'allée du nord, semble appartenir au temps de la primitive église ; elle est pauvre d'ornement ; elle est dépouillée de luxe qui caractérise les premiers édifices chrétiens ; elle semble appartenir au IX° siècle, peut-être même à une époque antérieure. Les voûtes sont à plein-cintre et courbées. Des arcs doubleaux les fortifient par intervalles. C'est pour ainsi dire le style antique.

L'allée de l'Est, semble porter le cachet de la façade de l'église, ce qui porterait à croire qu'elle a été construite en 1221 par l'archevêque Hugues Béroard. On y remarque la moderne architecture grecque mourante, et fesant place au moyen-âge. Les chapiteaux quittent l'acanthe et prennent des ornemens empruntés aux légendes chrétiennes.

Tous les faits importans de l'histoire sainte sont sculptés sur les chapiteaux du cloître ; tous les personnages de l'ancien et du nouveau testament sont là devant vous, accompagnés chacun de tous les attributs qui les caractérisent :

Voyez d'abord l'annonciation, la visitation et la nativité de J.-C. ; les anges annonçant aux pasteurs la naissance de l'Enfant-Dieu ; puis l'arrivée des mages et leur adoration ; la fuite en Egypte ; le massacre des Innocens ; Rachel pleurant sur ses enfans, et l'entrée triomphante de Jésus dans Jérusalem ; la résurrection de Lazare, le sacrifice d'Abraam, et Moïse recevant les tables de la loi.

La galerie de l'ouest, bâtie par l'archevêque François de Couzie, en 1389, appartient tout entière à l'art chrétien. Les ogives sont admirables par leur élégance et leur souplesse ; le gothique est fleuri ; l'ogive a remplacé le cintre ; les colonnes plus effilées s'élancent d'avantage, et les chapiteaux, ornés parfois de pampres d'une délicatesse infinie, sont presque toujours chargés de bas-reliefs fort curieux. Les voûtes sont partagées dans l'intervalle des arts doubleaux par des nervures à filets qui se croisent au sommet et viennent s'appuyer de chaque côté des galeries sur des piliers formés par la réunion de plusieurs colonnettes, ramassées en gerbe. Enfin, si on désire connaître l'architecture du moyen-âge dans toute sa splendeur, vous la verrez dans cette galerie.

La galerie du midi qui semble avoir été construite dans la décadence serait du 15e siècle, quoique riche de travail et recouverte par des dais à jours et chargés de magnifiques découpures. On reconnaît la décadence ; les niches disposées par trois réunies ensemble étaient remplies autrefois par des statues de saints qui n'y sont plus.

Des statues de saints, des figures d'apôtres et d'évêques sont placées dans les entre-colonnemens et les grands panneaux des pilastres, placés aux angles de l'édifice, représentent la résurrection de J.-C., la cène, le lavement des pieds, le baiser de Judas, Jésus tenté dans le désert, les trois Maries, les disciples d'Emmaüs et la lapidation de saint Etienne.

Sur la pierre qui sert de base à une statue d'évêque, on lit l'inscription suivante :

II. KL. OCT. OBIIT IOR
DAN DE C H Sti TROPHIMI
ANNO Dni Mo, Co, LXXX· VIII·.

Dans les trois lettres entrelacées, se trouve le nom du défunt ; ce signe est fréquent dans le XIIe siècle.

Sur la muraille on voit les inscriptions suivantes :

III. ID. SEPTEMBRIS OBIIT GVILLELMVS
BOSO SACERDOS CANONICVS.
REGVLARIS ET PROPOSITVS Sti TROPHIMI,
ANNO Dni M° C° LXXX. PRIMO.

II NONAS AVGVSTI OBIIT RAIMVNDVS
DE LAVOVTA, MILES ET CANONICVS
Sti-TROPHIMI, ANNO Dni M. C. XC.
VI. ORATE PRO Æ.

HIC REQUIESCIT DVRANTVS SACERDOS
S. P. ET O. REG. CANON
C. C. STI TROPHIMI QVI OBIIT ANNO Dni
M·. C. C. XXII. VI. KL JVNII.

ANNO M. C. C. XXI. IIII ID. OCTOBRIS OBIIT
BERTRANDVS DE ATHILIANO, CANONICVS
REGVLARIS Sti TROPHIMI, SACRISTA.

ANNO Dni M· C·. LXXX·. III·. VII. KL.
JANVARII, OBIIT PONCIVS REBOLLI,
SACERDOS, ET CANONICVS REGVLARIS,
ET OPERARIVS ECCLESIÆ Sti TROPHIMI.
ORATE PRO EO.

Théâtre,

Le théâtre est placé au midi de nos arènes, dans une direction inverse à celle de ce monument ; son grand axe va de l'est à l'ouest ; le fond de la scène était vers la ville, et la partie circulaire, du côté du levant. On voit encore quelques voûtes inclinées sur lesquelles étaient appuyés les gradins. Deux portions de la décoration extérieure sont visibles, elles sont directement opposées et appartiennent à la partie rectangulaire de l'enceinte. Celle du midi, que l'on dégage des murailles de la ville, conserve ses deux étages et porte le nom de Tour de Rolland. Une troisième arcade s'élève sur celle du second étage, mais cette construction, faite sans goût et surtout sans connaissance de l'antique, n'a jamais fait partie du théâtre. Comme toutes les imitations elle est très-inférieure à son modèle. L'arcade du nord appartenait au premier étage. C'est par elle que l'on arrivait autrefois au couvent des dames de la Miséricorde, dont il ne reste plus aujourd'hui aucune trace. En face de cette porte apparaissent les deux belles colonnes qui décoraient autrefois un des deux côtés de la porte Royale. Ces deux colonnes sont belles, surtout comme objet d'art. Il est difficile de ne pas être ému en voyant ces restes vénérables de notre grandeur passée s'élever devant vous, élégans, légers, beaux de forme, de proportion et de cette beauté indéfinissable et pure que nous reconnaissons aux choses antiques. Rien ne prouve mieux la grandeur, l'importance et la magnificence de notre théâtre que ces deux superbes débris, restés debout pendant tant de siècles, comme pour marquer la place qu'occupa jadis un des plus beaux monumens de notre ville. Exposées à l'inclémence des saisons, ces colonnes ont souffert également des outrages des hommes et du temps. Elles ne sont pas de la même pierre ; l'une est d'une brêche africaine à gros fragmens, l'autre est de marbre sacharoïde de carrare.

L'arcade du nord a conservé son entablement, qui est composé d'une manière remarquable; au lieu d'architrave, elle présente une véritable frise d'orique, dont les métopes sont remplis alternativement par des patères et par des taureaux à mi-corps, vus de front, et qui semblent s'élancer. Au-dessus est placée une frise corinthienne, ornée d'un rinceau continu en feuilles d'acanthe ; chaque enroulement se termine par une grande fleur centrale, d'où sortent à mi-corps et alternativement des enfans, des sangliers et des lions ; il y a des oiseaux distribués dans les vides; la corniche est ornée de modillons et répond à la richesse de la frise. Cependant les pilastres sont doriques, et les archivoltes ont toute la simplicité qui convient à cet ordre. La tour de Rolland, altérée par les changemens qu'ont nécessité les convenances d'une habitation morderne, conserve néanmoins un aspect extrêmement pittoresque ; elle est belle de masse et riche de couleur. La décoration du premier ordre est semblable à celle de l'arcade du nord, mais plus maltraitée par le temps. Celle du second est composée de la même manière, mais avec plus de simplicité. Dans les métopes de la frise d'orique, il n'y a que des bucranes au lieu de bœuf à mi-corps, et dans la frise corinthienne, il n'y a point les figures entées sur les fleurs qui terminent les enroulemens de la porte du nord. Le premier étage se termine vers le levant, de même qu'à l'arc de la miséricorde ; il y a encore trois arcades visibles qui appartiennent à la partie circulaire, les autres sont neuves et faites récemment.

S'il faut en juger par la grande quantité de marbres brisés, de colonnes rompues, de statues mutilées qu'on a retirées des fouilles, et par les deux colonnes seules restées en place, des huit qui décoraient la porte royale, le théâtre d'Arles devait être d'une rare magnificence. Les riches débris d'architraves, de frises et de corniches qui nous en sont restés, laissent penser que la façade de la scène était formée de trois étages, ornés chacun d'une merveilleuse profusion de colonnes, de statues et de revêtemens dont le travail le disputait à la matière. Les colonnes du premier étage étaient posées sur un piédestal continu qui était le Podium de

Vitruve; celles du second étage, dont les dimentions allaient en s'amoindrissant, s'appuyaient sur un autre piédestal qui fermait le *Pluteum* ou *prima episcenos*. Enfin, celles du troisième étage, beaucoup plus petites que les autres, couronnaient l'édifice et formaient *l'altera episcenos*.

Des deux côtés de la porte Royale, s'ouvraient deux autres portes plus petites, appelées *hospitalia* ou des étrangers.

Du *proscenium*, il ne reste plus rien que quelques-uns des pieds-droits sur lesquels il s'appuyait.

Le dessous du Proscenium, auquel on arrivait par quatre ouvertures étroites, pratiquées dans le mur qui supportait la scène, est creusé dans le roc vif et paraît n'avoir jamais eu d'autre usage que celui de recevoir les eaux pluviales, au moyen d'un aqueduc existant encore.

Il est démontré aujourd'hui que le théâtre d'Arles a été construit par les Romains.

Dans les théâtres romains, la façade de la scène, au lieu de s'élever sur une ligne droite, avait le plus souvent à son milieu un enfoncement demi-circulaire, ayant l'apparence d'une grande niche. Cette disposition existe encore aujourd'hui aux théâtres d'Herculanum et de Laodicée.

Chez les grecs, l'horchestre n'étant pas destiné aux spectateurs, et servant au contraire aux choristes et aux danseurs, était beaucoup plus large que l'horchestre des romains, et se trouvait de 10 à 12 pieds plus bas que le Logéion qui servait aux *scenici* ou principaux acteurs. Chez les romains, l'orchestre était réservé aux personnes de distinction, et ils n'élevaient le plancher de l'avant-scène que de cinq pieds au plus au-dessus du pavé de l'orchestre, afin de mieux voir le jeu des acteurs. Des mesures exactes prises au théâtre d'Arles, s'accordent parfaitement avec celles indiquées par Vitruve.

C'était au centre de l'orchestre qu'était placé le *suggestum* de l'Empereur, à côté et en arrière duquel venaient se grouper les sénateurs, les décurions, les prêtres, les édiles, les députés étrangers et toutes les personnes qui avaient le privilège du *Bisellium*.

C'est en 1684 et par ordre du roi que des recherches ont été faites sous la direction de M. de Lanfant, commissaire général des troupes en Provence. C'est dans ces fouilles que furent trouvés la Vénus d'Arles, actuellement à Paris, les deux prétendues danseuses, un des Silènes et le beau Torse dont M. de Forbin nous a dépouillés avec si peu d'égards et de ménagemens. En 1823 une tranchée fut pratiquée sur la rue de la Miséricorde et l'on trouva le beau bas-relief de marbre sculpté sur 3 faces, aujourd'hui dans le musée. Au centre est Apolon assis, appuyé sur une lyre et ayant un trépied à ses côtés. Sur le flanc droit, on a représenté Marsyas suspendu par les cheveux à un chêne chargé de glands ; sur le flanc gauche, un jeune enfant la tête couverte d'un bonnet phrygien, est occupé à aiguiser le couteau qui doit servir à son supplice. Tout cela est d'un dessin qui ne manque ni d'élégance ni de goût.

On a découvert aussi dans la même tranchée, une tête de femme en marbre grec, d'une conservation parfaite, à l'exception du nez qui manque.

Ce n'a été qu'en 1832, que le théâtre a été entièrement déblayé. Ce fut alors qu'une quantité considérable de marbres, de granits, de brêches, d'ophites, que des débris de frises et de corniches sont sortis de ces fouilles. C'est près de l'avant-scène qu'on a découvert la tête colossale de l'empereur Auguste, tête dont l'authenticité est confirmée par la comparaison qui en a été faite avec les médailles, les pierres gravées et les bustes de Visconti. Cette tête est belle d'étude et de travail, d'une origine grecque.

Ont été trouvés aussi dans ce lieu un autel orné de cygnes et de palmiers, — cet autel est un bloc de marbre de carrare, — Des médailles romaines en grands et moyens bronzes de l'empire, deux pieds en bronze de grandeur naturelle, l'un nu, et l'autre chaussé de la *solea*.

On peut voir tous ces objets dans le musée.

Si la tradition est exacte, la destruction du théâtre est due à Saint-Hilaire, archevêque d'Arles, qui, craignant pour la foi chrétienne les souvenirs attachés aux grands monumens du paganisme, fit détruire le théâtre par le prêtre Cyrille.

Amphithéâtre.

La construction de l'amphithéâtre d'Arles remonte aux temps les plus fastueux de l'histoire de l'art, et la grandeur que les romains déployaient dans la construction de leurs monumens publics, s'y montre et y éclate avec toute la magnificence de leur génie hardi et créateur. Il est étonnant par son immensité, remarquable par l'élégance de ses arcades élevées, par la solidité de ses larges assises, de ses gigantesques galeries et de ses voûtes formées de quartier de pierre d'une dimension extraordinaire. L'amphithéâtre d'Arles, quoique ruiné dans plusieurs de ses parties, excite encore, comme aux beaux jours de sa jeunesse, l'étonnement des étrangers venus pour l'admirer.

Il serait difficile de dire sous quel Empereur l'amphithéâtre d'Arles fut construit. Cependant les renseignemens donnés par les écrivains qui nous ont transmis le souvenir des jeux qui s'y sont donnés, autoriseraient à penser que sa construction est très-ancienne, et que l'on pourrait matériellement faire remonter son origine, à l'établissement de la colonie qui fut envoyée à Arles, sous les ordres de Tibère Néron, 43 ans avant l'ère chrétienne.

Trois étages composent l'amphithéâtre, dont un souterrain au niveau de la plus basse arène. Le premier au dessus du souterrain est orné de pilastres doriques ; le second, de colonnes corinthiennes en demi relief. L'attique qui manque en entier formait à lui seul un étage supérieur terminant l'édifice.

La longueur du grand axe est de 140 mètres, du nord au sud ; la largeur du petit axe est de 103 mètres, de l'est à l'ouest. Chaque étage de l'édifice est percé de 60 arcades. Il pouvait contenir 25,000 spectateurs.

Dans les guerres qui désolèrent la ville d'Arles vers le VIII° siècle, l'amphithéâtre fut changé en forteresse et des tours furent élevées sur ses quatre portes, et tout fut disposé dans un intérêt de défense et de guerre. C'est sans doute à la construction de ces tours qu'est dûe la destruction de l'attique et le terrassement des parties inférieures de ce superbe monument. C'est de là aussi que date la ruine de l'amphithéâtre jusque-là respecté. Et l'on vit peu à peu s'élever de chétives maisons donnant asile à la partie la plus pauvre des habitans qui y fit sa résidence. Ce n'a été qu'en 1826 que l'amphithéâtre a été déblayé sous la direction du baron de Chartrouse.

L'arène, était affectée aux combats des gladiateurs et des bêtes ; on croit que des loges destinées aux animaux, étaient pratiquées tout au tour de l'arène en dessous du podium. Mais il est difficile d'admettre cette opinion. Les loges que nous voyons ne donnent aucune trace de fermeture.

Les gradins de la première série, étaient reservés aux sénateurs, aux vestales, aux personnages consulaires. C'était là qu'était la loge impériale.

La seconde série était occupée par les chevaliers.

La troisième appartenait aux classes inférieures.

Les femmes, les enfans et les esclaves se plaçaient sur la partie la plus élevée, celle qui couronnait l'édifice.

Des voiles que l'on ouvrait et fermait à volonté, abritaient les spectateurs contre les ardeurs du soleil. On voit encore à Nîmes les pierres dans lesquelles étaient fichés les bois qui soutenaient le Velarium.

On remarque dans notre amphithéâtre une double arène ; le sol le plus bas devait servir aux combats des animaux et un plancher devait être élevé quand les combats avaient lieu d'homme à homme.

C'est sous la porte du nord que se trouve pratiquée l'entrée de l'étage souterrain. La galerie qui y conduit avance de 35 mètres au-dessous des constructions supérieures. C'est l'épaisseur du massif de l'édifice jusqu'à l'arène. La construction de cette galerie est d'une force proportionnée à l'énormité du poids qu'elle était chargée de soutenir. La voûte se trouve renforcée d'arcs doubleaux, très-rapprochés les uns des autres. A droite et à gauche sont les entrées des substructions de l'étage souterrain, très-compliquées et très curieuses ; elles se composent de trois galeries circulaires, formées par six précinctions paralelles et concentriques, pratiquées sous l'édifice et servant comme de ceinture à l'arène. La troisième galerie, séparée des deux autres par des chambres ou loges voûtées transversalement, se rattache aux constructions extérieures. Quelques personnes ont cru reconnaître dans ces appartemens, les loges où l'on enfermait les animaux destinés à être montrés en spectacle. Les animaux destinés à l'amphithéâtre devaient être gardés dans un édifice séparé appelé *Vivarium*, d'où ils étaient amenés, quand il le fallait, à l'arène, dans des cages de fer.

C'est au niveau du premier rang de gradins et aux extrémités du petit axe de l'arène que se trouvait le *podium* sorte de terrase ou plâte forme placée en avant. C'était là qu'étaient placés d'un côté le *pulvinar* ou loge de l'empereur et de sa famille, et de l'autre, celle des consuls et des édiles. Le reste du premier gradin, était reservé aux sénateurs, aux prêtres, aux vestales, aux chefs militaires, et aux ambassadeurs.

Notre-Dame-la-Major.

Suivant une ancienne opinion, N.-D.-La-Major, appelée primitivement *Ecclesia Major*, aurait été battie sur l'emplacement d'un temple antique, dédié à Cybèle, l'exactitude de cette croyance n'est guère plus douteuse depuis qu'on a découvert dans l'allée qui conduit à la maison curiale, des assises de construction romaine, employées à supporter le soubassement des murs de l'église. On croit qu'elle servait de Métropole avant que saint Trophime eut été bâtie. Son édification remonte à une époque inconnue, tombée en ruine au V° siècle, elle fut rebâtie, et l'évêque Ravénius la consacra, en 452, en présence de trente-quatre évêques.

La construction de l'église est bysantine par l'ordonnance de la nef et des travées latérales : Gothique par la voûte, ce qui lui donne une certaine ressemblance avec celle de saint Trophime. Quant au chœur et à ses dépendances, leur construction ne date que du XVII° siècle.

Le pavé a été tellement exhaussé, que les piliers de l'église sont enfouis à un tiers de leur hauteur, ce qui rend les dispositions intérieures de l'édifice lourdes et rampantes.

Charles IX. Après nous avoir dépouillé d'une grande quantité de tombeaux, fit transporter aussi à Paris de belles colonnes antiques de porphyre qui décoraient le chœur de N.-D.-La-Major.

Aqueduc Romain.

Nos pères n'avaient pas trouvé les eaux du Rhône suffisantes au bien-être de leur colonie. Des eaux de source furent amenées à Arles, dans des canaux dont les ramifications parcouraient en tous sens les vallées des Alpines. Ces aqueducs n'étaient pas de simples cuvettes de réception, mais des ouvrages soignés, et revêtus d'un caractère monumental.

L'un de ces canaux, parti des vallées de l'Oriol, situées entre Mollégès et Eygalières, se dirigeait sur Saint-Remy; il suivait j'usqu'à Saint-Gabriel le cours du Louérion, rivière aujourd'hui desséchée; il descendait à Fontvieille et se rendait de là à un réservoir général, établi aux environs de Barbegal.

Un autre y arrivait de même, après avoir parcouru le territoire des Baux, de Maussanne, de Mouriès, et avoir cotoyé les montagnes de Caparon.

A partir du réservoir central, une seule voie dirigeait sur Arles toutes les eaux réunies.

De nombreux vestiges existent encore. Le chemin de Mouriès est coupé par un de ces canaux suspendu, construit en moëllons smillés, supporté par de vastes arcades. Après une demi lieue de marche il se plonge dans les marais de Barbegal, disparait sous les eaux, puis reparait vers le milieu du marais, et domine les roseaux. C'est de là qu'il prend sa course vers Arles en traversant la Crau. Arrivé au pied de la ville, il s'engage dans le rempart, rampe sous les maisons, se fait jour auprès de l'amphithéâtre, en contourne l'hémycicle méridional, et se prolonge de nouveau sous la ville.

Champs Elysées.

Eglise Saint-Honorat des Aliscamps.

Vers la fin du sixième siècle, saint Virgile fit construire dans un des coins des champs-élysées, sur les fondemens d'une autre église plus ancienne et au même lieu où les traditions assurent que saint Trophime avait fondé une chapelle à la Vierge Marie encore vivante, une belle et grande basilique qui fut consacrée et dédiée sous l'invocation de la Vierge Marie et de saint Honorat, ancien évêque d'Arles.

De grands privilèges furent accordés à cette église par le pape saint Grégoire et par ses successeurs.

Dans le VIIIe siècle, l'église Saint-Honorat fut prise et dépouillée de toutes ses richesses par les Maures d'Espagne et convertie en mosquée, puis elle fut brûlée, démolie et reconstruite de ses propres débris peu de temps après, puisqu'en 1054, Raymbaud de Reillane, archevêque d'Arles, en fit donnation aux religieux du monastère de Saint-Victor de Marseille, qu'ils abandonnèrent en 1391. Elle fut donnée par Pierre de Lune, anti-pape sous le nom de Benoît XIII, aux religieuses du couvent de Saint-Honorat de Tarascon, par acte notarié du 29 mai 1426, et c'est de cette époque que date la façade qui existe, laissant subsister l'ancien portail et les murs de côté des nefs latérales. Elles continuèrent de desservir cette église jusqu'en 1615 que les minimes vinrent s'y établir. Ces derniers restèrent propriétaires de Saint-Honorat-des-Aliscamps jusqu'à 89, alors chassés par la révolution.

Presque toutes les chapelles de Saint-Honorat appartenaient à des maisons nobles et puissantes de la ville, qui les avaient dotées ou fait construire. Quand la place manqua on en fit bâtir dans l'intérieur des nefs abandonnées, et celle des marquis de Château-Neuf de Mollégès, malgré l'état de dépérissement où elle est, se fait encore remarquer par le bon goût et la riche simplicité de sa décoration. Elle est du XVI° siècle et d'un gothique délicatement fleuri. Sa voûte que traversent de nombreux entrelacemens de nervures ogiviques, le mausolée des fondateurs avec ses écussons seigneuriaux, surmontés d'un dragon qui vole, sa fenêtre étroite et allongée ornée de trèfles à dentelles, et son entrée qu'encadrent des ornemens d'une légèreté et d'une finesse infinies, lui donnent encore quoiqu'en ruine, un appareil fort gracieux.

En dehors de l'église, à gauche du portail, est le tombeau de la maison d'Aiguières ; l'écusson est orné de gueules à six besans d'argent.

Saint Honorat, malgré qu'il soit réduit au tiers de sa grandeur première, est un édifice léger et gracieux, une construction savante, une forte et belle composition où tous les trésors de l'architecture se trouvent répandus à pleines mains, et où l'art bysantin et le style gothique se mêlent et se confondent ensemble. C'est un monument où la transition d'un art à l'autre se fait le mieux sentir. Les anciennes formes y subsistent à côté de celles plus nouvelles de l'architecture catholique, et le cintre s'y montre partout fraternisant avec l'ogive.

Sur un stylobate gracieux, légèrement posé sur le faîtage de l'église, le clocher s'élève avec une élégance de coupe, une richesse de détail et une molesse de profils incomparables. Impossible de voir rien de plus léger que cette tour octogone, formée de deux étages coupés à pans égaux entr'eux, percés sur chaque face de deux arcades pleinement cintrées, accompagnées de colonnes corinthiennes et de pilastres cannelés. Le second étage, un peu plus en retraite que le premier, est recouvert d'une coupole qui termine l'édifice, et laisse elle-même en saillie l'entablement.

Le portail auquel on arrivait par des degrés,

est un grand arceau cintré avançant profondément à l'intérieur comme toutes les portes des églises gothiques. Il est décoré de zig-zags, de fleurons et d'autres ornemens, mais les colonnes qui soutenaient l'imposte ont été enlevées.

A droite, dans l'église, était la chapelle de Notre-Dame-de-Grâce. L'autel de cette chapelle était le tombeau de saint Trophime. Le tombeau de saint Honorat servait de maître-autel. Au-dessous, on descendait par une double rampe, dans une crypte où était l'autel de pierre, sur lequel saint Trophime offrait le saint-sacrifice. Tout autour se trouvaient sept sarcophages de marbres, admirables par leur travail, mais plus dignes de vénération par les cendres qu'ils contenaient. C'étaient ceux de saint Genès, martyr, de sainte Dorothée, vierge et martyre, originaires d'Arles, ceux de saint Hilaire, saint Eone, saint Virgile, saint Concorde et saint Rolland, tous archevêques d'Arles.

La chapelle de gauche fut plus tard restaurée par les seigneurs d'Ubaye qui y avaient leur sépulture.

Aliscamps.

Les gaulois furent les premiers à ouvrir aux sépultures la terre des champs-élysées.

Après eux vinrent les romains, qui, avant que l'habitude de brûler les corps eût été abandonnée, y déposèrent les urnes funéraires renfermant les cendres des trépassés, et plus tard y élevèrent des monumens de marbres dont il nous reste de si riches débris.

Lorsque saint Trophime, envoyé par les apôtres eux-mêmes, vint à Arles, sa première pensée, fut de consacrer les champs-élysées à la sépultures des chrétiens. Il convoqua à cet effet tous les évêques de la Gaule qui s'y réunirent en grand nombre. Quand il fallut procéder à la cérémonie, chacun s'excusa par esprit d'humilité. La tradition porte, qu'alors J.-C. apparut au milieu d'eux, et bénit lui-même le cimétière, et que la voix des anges se fit entendre pendant la consécration. Après la bénédiction, saint Trophime éleva un autel en terre à la place où J.-C. était apparu, et plus tard une chapelle qui porta le nom de saint Jacques et saint Philippe, connue aujourd'hui sous le nom de la Genouillade, fut élevée sur ce lieu saint.

Des milliers de sarcophages furent transportés sur une terre si vénérée. Les uns étaient de marbre revêtus de riches sculptures, d'autres sans ornemens, d'autres de simples pierres, quelques uns en monolithes, furent formés par la réunion de différentes pierres rapprochées et unie avec du ciment. Ces sarcophages étaient groupés autour des nombreuses églises dont la présence sanctifiait le cimetière. Aussi les aliscamps étaient-ils un cimetière unique dans la chrétienté. C'est là que des rois, que les évêques d'Arles furent inhumés pendant une longue serie de siècles, et que chacun se montra jaloux d'obtenir une place après sa mort.

La dévotion aux sépultures des aliscamps devint bientôt si générale que, depuis les Alpes jusqu'aux Pyrénées, tous les hommes illustres voulurent y être ensevelis. Les villes situées sur les bords du Rhône y envoyaient les corps déposés dans des bières qu'on mettaient au fil de l'eau sur le fleuve, et qui arrivaient à Arles sans autre sauve-garde que le respect inspiré par ces cercueils flottans. Une somme d'argent déposée dans la bière, indiquait qu'elles funérailles devaient lui être accordées, et quel monument il fallait lui ériger.

La plus grande partie des tombeaux a été enlevée ; en a pris qui a voulu. Les campagnes en sont pleine.

Charles IX en fit charger plusieurs navires qui sombrèrent dans le Rhône, au pont Saint-Esprit; tous les musées du Midi de la France en possèdent.

En 1654, la ville en donna une grande quantité des plus beaux à Charles IX.

En 1591 la ville en donna au duc de Savoie et au prince de Lorraine.

En 1625 le conseil municipal en accorda 13 au marquis de Chaumont lieutenant du roi, en Provence.

En 1640 le cardinal de Richelieu en obtint tant qu'il en voulut. Ainsi que le cardinal Barberin, le président Lebret, le baron M. Bon,

M. Darlatan, le comte Buton, le marquis de Crillon, le marquis d'Ausan, le marquis de Canneval, etc, du milieu de ces sépulchres, s'élèvent les murs de cinq églises ou chapelles encore debout.

Un arceau à plein cintre, ouvre l'avenue des champs-élysées. Aux deux extrémités apparaît une tête d'homme, la courbure de l'arc affecte le fer à cheval, ce doit être l'entrée principale des aliscamps. Une chapelle est adossée à cet arceau et la construction est au-dehors de la métropole, c'est la chapelle Saint-Accurse ou chapelle d'expiation. Un bas-relief sculpté sur la frise de la porte, représente deux hommes armés marchant l'un contre l'autre, l'un d'eux appuie le pied droit sur une tête de mort symbole prématuré de l'issue du combat, et donne le signal au son d'un olyphant. La légende dit, qu'un duel eut lieu entre le jeune seigneur Accurse de la Tour l'an 1520 et le baron de Beaujeu. Le jeune de la Tour succombat et le vainqueur fut condamné à élever un monument expiatoire sur le lieu où le sang a coulé, et le tombeau de l'infortuné de la Tour est en dehors de la porte, au-dessus de laquelle on voit les deux champions l'épée à la main; cette chapelle fut mise sous l'invocation de Saint-Accurse patron de la victime. Suivant quelques archéologues ce serait là qu'aurait été commencé un abbaye de femme, construite par Saint-Césaire au commencement du 6ᵉ siècle.

A quelques pas delà, se trouve un mausolée

dépourvu d'ornemens portant la date de 1720, année de désolation et de misère pour la ville d'Arles, ce monument renferme les dépouilles mortelles des consuls, Jacques Gleyse de Fourchon, Jean Grossy, avocat, Honorat de Sabatier, Ignace-Amat de Graveson, et les ministres de la religion, C. Maurin, Daniel Leblanc, M. Richaud, Antoine Roman, J. Charbonnier, et Michel, qui tous périrent victimes de la peste et de leur dévouement.

Suivez le sillon, vous verrez à droite et à gauche une file de tombeaux payens et chrétiens, et arrêtez-vous devant la chapelle dédiée à Notre-Dame-de-Miséricorde, fondée en 1419, par la famille des Porcelets dont le double écusson est gravé sur la façade; c'était là le caveau de la noble famille des Porcelets.

Près de là et non loin de l'église Saint-Honorat, gît une ruine romaine dont l'origine est inconnue. C'était un ancien mausolée romain.

Jettez en passant un coup d'œil sur l'hôpital Saint-Lazare, construit en 1556, où l'on mettait les lépreux.

La chapelle Saint-Pierre-des Mouleirès, fut, dit-on, bâtie et consacrée par Saint-Denis l'aéropagiste, sur les ruines d'un temple payen, dédié à Mars; incendiée par les Goths, cette chapelle dut être reconstruite peu de temps après sur un plan plus vaste et mieux orné. Mais Charles-Quint, étant venu assiéger la ville, les Arlésiens la démolirent jusqu'à sa base, et ce ne fut qu'après le départ de Charles-Quint et de son armée, qu'on éleva la chapelle qui existe actuellement.

Des fouilles ont été faites dans les Champs-Elysées, des statuettes de bronze, de pierre, de blomb, des urnes cinéraires de verre, de marbre, d'albâtre, de cuivre, des bijoux et autres raretés ont été trouvé enfouis dans les tombeaux mis à découvert. On trouvera dans le musée une grande collection de ces divers objets, mais le zélé Balthazard tient à la disposition des visiteurs un cabinet fort curieux et riche en verroterie de toute espèce, ce cabinet est rue Barraly. Le voyageur y est toujours le bienvenu.

Palais de Constantin.

Sous le règne de Constantin le Grand, la ville d'Arles, déjà un peu oubliée des maîtres de la terre, redevenue tout-à-coup une cité florissante, se trouva subitement portée au faîte de sa plus grande gloire. Objet de l'affection et des faveurs de ce prince, Arles devint en peu de temps une des plus importantes et des plus nobles ville de la Gaule; par ses soins, des écoles célèbres furent créées dans Arles. Les anciens monuments furent restaurés, de nouveaux vinrent prendre place à côté d'eux et le palais de la Trouille, ce superbe édifice où furent épuisés tous les genres de richesses imaginables, et que Constantin destinait à son usage et à celui de ses successeurs, s'éleva entre le Rhône et le forum avec ses colonnades somptueuses, ses statues de marbres et son double rang de portiques circulaires. Il y convoqua en 314 le fameux Concile, auquel, s'il faut en croire Adon, assistèrent 600 évêques présidés par St-Marin, évêque d'Arles, et dans lequel furent présentés les évêques d'York, de Trèves, de Carthage et de Milan. Deux ans après la naissance de Claudius-Flavius-Julius-Constantinus, premier fruit de son mariage avec Fausta, étant arrivée au commencement de la dixième année de son règne, L'Empereur voulut que cet heureux évènement fut marqué par des fêtes qui en conservassent longtemps le souvenir. Pour lors rien ne fut oublié, les jeux décennaux furent célébrés avec pompe, et Arles, fit frapper en grand nombre des médailles en mémoire des vœux que chacun faisait pour la conservation et le bonheur du prince.

Le palais de la Trouille quelque misérables que soient les débris qui nous en restent, tient une grande place dans l'histoire, à cause des souvenirs qui s'y rattachent. Le 7 août 316 de notre ère, l'impératrice Fausta, y accoucha de Constantin II, son premier fils; c'est là que Maximien Hercule, reprit la pourpre à laquelle il avait renoncé deux fois.

C'est encore là, qu'aveuglé par sa haine et

trompé par Fausta, qui avait dévoilé à Constantin le projet qu'avait fait Maximien de l'assassiner, celui-ci poignarda l'eunuque introduit dans le lit de l'impératrice et qu'il s'étrangla de ses propres mains afin d'échapper à la mort honteuse que méritait son attentat.

Tour à tour occupé par Constantin et par ses fils, par les empereurs Valentinien, Valens, Gratien, Honorius, Constantin le tyran, Avitus et Majorien, le palais de la Trouille passa aux rois Goths, de ceux-ci aux rois de France, et ensuite aux rois d'Arles, et aux comtes de Provence, qui en furent les derniers possesseurs. Alphonse II, roi d'Aragon, s'étant emparé en 1167 de la Provence, dont le gouvernement était resté vacant par la mort de Raymond Béranger II tué au siége de Nice, y établit sa cour, et plus tard, Raymond Béranger IV, dernier comte de la maison de Barcelonne, y signa, le 7 des kalendes de juillet 1232, les lettres-patentes qu'il délivra à l'ordre de Malte pour la confirmation de ses priviléges.

D'après ce que l'on peut conjecturer en examinant les lieux, le produit des découvertes que le hasard a amenées, et les parties encore existantes de ce palais des Empereurs, il paraît que la façade principale, de laquelle il ne subsiste plus aujourd'hui la moindre trace, s'élevait sur la forum. Une cour spacieuse, entourée de portiques, ornée de colonnes et de fontaines jaillissantes, séparait les différents corps de logis, et une grande tour ronde, et en saillie terminait l'édifice du côté du Rhône. Cette tour, le seul morceau un peu entier qui nous reste de cet immense bâtiment, renferme dans l'épaisseur de ses murailles faites de briques et de pierre mêlées, de grands tuyaux de poteries qui servaient à conduire les eaux pluviales de la terrasse qui couronnait tout l'édifice, dans l'*impluvium* de la grande cour centrale.

De ce palais autrefois si riche, il ne reste plus aujourd'hui que la tour du nord et quelques autres vestiges enclavés dans les maisons voisines. Il n'est resté de l'antique séjour de tant de potentats, que des statues mutilées, des corniches de marbres, des colonnes de granit brisée des mosaïques, des restes de bains, et des tuyaux en plomb, trouvés dans l'intérieur de son enceinte. Il est aujourd'hui dans la dégradation la plus complète.

Abbaye de Mont-Majour.

Il n'est pas de ruines plus imposantes, plus majestueuses, que celles de Mont-Majour. Les glorieux souvenirs qui s'y rattachent, les rendent encore plus digne de respect et d'admiration. Son église, sa tour encore intacte, son cloître, sa crypte, son église primitive taillée dans le roc sous le nom de chapelle de St-Trophime, et surtout la petite chapelle Sainte-Croix, bijoux charmant, ne peuvent manquer d'exciter au plus haut point, l'intérêt du voyageur.

L'abbaye est très-ancienne. Ses fondements furent jetés vers la fin du dixième siècle.

Aujourd'hui tout ruiné qu'il est, le couvent des Bénédictins, ennoblit encore la colline et ses hauts pans de mur sont admirables à voir du côté du nord. L'arcade immense qui sert d'entrée, se déploie avec toute la majestueuse simplicité du plein cintre, tel que les Romains nous l'ont laissé. On a du plaisir à voir cette sombre masse dominant tous les lieux d'alentour.

L'Eglise de Mont-Majour, telle qu'elle est, est encore une bien belle chose à voir.

C'est dans l'église que l'on trouve la Crypte ou église souterraine. Le Sanctuaire est entouré d'une galerie circulaire coupée par cinq arcades à plein cintre, correspondant à un nombre égal d'absides exiguës. Du maître autel, on en apperçoit cinq autres. L'ame est vivement impressionnée à l'aspect de ces murailles imposantes et noircies par le temps. Sur la gauche, on voit les oubliettes ou *vade impace*, dans lesquelles on enfermait les religieux coupables. Si les murs de ce cachot en partie creusé dans le roc vif, témoins des gémissements et des pleurs de tant d'illustres pénitens, pouvaient nous livrer leurs secrets et nous dire les drames qui se sont passés dans leur étroite enceinte, sans doute qu'il y aurait de quoi frémir. Que de larmes ont du arroser ce froid pavé! car sur ces murs à peine éclairés par une baie étroite et élevée, on voit encore des noms et des dates très anciennes, on y distingue, Guillaume de Piolleng, 1611; Gais, 1480; Podpla, 1546; Calquier, 1631.

Cloître.

Le Cloître fut bâti en même temps que la Basilique, c'était le champ des morts, et on y voyait autre fois un grand nombre de pierre tombales, les unes très-simples portant des inscriptions latines. Il y avait de riches mausolées élevés aux comtes de Provence et aux abbés de l'ordre. Des statues à genoux et priant sur les sépulcres. De tout cela, il ne reste plus que l'épitaphe du comte Geoffroy, et le mausolée d'une princesse de la maison d'Anjou. Tout a été enlevé jusque son double rang de colonnettes effilées.

On voit épars çà et là, des dates insignifiantes. — 1 NOV. 1130. — 22 JVN. 1208. — 12 MAII 1269. — 29 MAII 1591. — 3 SEPT. 1617. — 19 mars 1653. — 16 MAII 1662.

Une épitaphe, apprend la mort d'un vénérable religieux nommé Victor Cappucius d'Aix, infirmier du monastère.

HIC-JACET
DNVS VICTOR
CAPPVCIVS AQVEVS
RELIGIOSVS ET INFIRMARIVS
HVJVS MONASTERII ÆTATIS
LXXXIII CVI
DATI ANNI
MDC XXI.

Plus une dalle à la mémoire d'une bonne et honnête femme, mère d'un moine de Mont-Majour.

Hit-Jacet
Bona et honesta
Mulier tomalia mater....

Les armes du cardinal de Foix archevêque d'Arles, sont incrustées dans le mur. En 1459 cet archevêque fit faire au cloître des réparations importantes. En 1369 le révérend père abbé de Pons de Ulmo, voulant se mettre à l'abri de toute attaque ennemie, éleva la superbe tour avec ses bossages et ses refends, ses meurtrières étroites et ses machicoulis féodaux, et elle devint ainsi la forteresse avancée de la cité Romaine.

Chapelle Saint-Trophime.

Au pied de la grande tour, à la partie méridionale de la montagne, descendez 45 marches et vous trouverez creusée dans les flancs du rocher la chapelle de St-trophime, église primitive de Mont-Majour qui date du VI° siècle. Sur la porte est la statue de Saint-Pierre désignée par les mots *tu es Petrus* écrits sur un rouleau déplié.

Sous le portique sont taillés dans le roc deux tombeaux d'inégales dimension.

L'église est dans une caverne naturelle et peu profonde, elle est précédée d'une tuf étroite formée par trois arceaux semblables; une quatrième ouverture plus surbaissée précède un corridor resserré, ouvert aux extrémités; à droite, est une cavité retrécie, dans laquelle se trouve un siége antique, on le dit le confessional de St-Trophime; à gauche, est une grotte allongée ceinte d'une base en relief ayant 40 centimètres de hauteur. C'est là où s'assayaient les fidèles pendant les pieuses assemblées.

Chapelle Sainte-Croix.

Charlemagne venant de remporter une victoire éclatante sur les Cohortes Musulmanes qui étaient campées sur le plateau de Mont-Majour, et les ayant repoussé, le vainqueur éleva une chapelle à la Sainte-Croix, le combat ayant eu lieu le 3 mai, jour de l'invention de la croix.

Sur la porte intérieure on lit l'inscription que l'archeveque Pons de Marignane conserva scrupuleusement, lorsqu'il rebâtit en 1012, ce gracieux monument de vétusté. Tout autour de ce sanctuaire sont des tombeaux creusés dans le roc.

Ce monument du XI° siècle et si intact, si

pur et si complet qu'il mérite d'être examiné avec attention. Impossible d'imaginer quelque chose de plus léger, de plus gracieux, de plus mignon que cette chapelle, s'élevant de toute sa hauteur à l'extrêmité orientale de la montagne, avec ses quatre demi-rotondes et ses frontons triangulaires, surmonté de son campanille carré. Rien n'est élégant comme les ornements si riches de sa corniche, c'est une véritable broderie merveilleusement dessinée, légère, coquette et gracieuse.

La montagne de Corde.

La montagne de Corde n'offre rien de remarquable, mais à son sommet, on découvre à travers les broussailles une grotte creusée primitivement à ciel ouvert dans le rocher puis recouverte de larges dalles terrassées avec soin et disposées de manière à soustraire à tous les regards la vue du souterrain; sa forme est une épée; une salle oblongue établie à droite et à gauche du corridor d'entrée est creusée dans le roc.

Le peuple appelle ce souterrain le trou des Fées. Les uns l'attribuent aux Sarrasins d'autres en font un temple druidique dédié au dieu Mars, adoré par les Gaulois sous la figure d'une épée. Un mur d'enceinte contourne la colline du côté de l'est et du midi Ce mur a été bâti dans le VIII.e ou IX.e siècle.

www.ingramcontent.com/pod-product-compliance
Lightning Source LLC
LaVergne TN
LVHW050607090426
835512LV00008B/1369